ANALISI DEL LIBRO

AF143868

Il mondo di ieri

· · · · · · · · · · · · · · · · ·

Stefan Zweig

ANALISI DEL LIBRO

Scritto da Natalia Torres Behar
Tradotto da Sara Rossi

Il mondo di ieri

STEFAN ZWEIG

STEFAN ZWEIG

SCRITTORE AUSTRIACO

- **Luogo e data di nascita: Vienna (Impero austro-ungarico, attuale Austria), 1881.**

- **Luogo e data di morte: Petrópolis (vicino a Rio de Janeiro, Brasile), 1942.**

- **Opere principali:**

  - *Geremia* (1917), opera teatrale

  - *Maria Antonietta: The Portrait of an Average Woman* (1932), biografia

  - *Il gioco reale* (1941), novella

Stefan Zweig fu saggista, biografo, romanziere, poeta, traduttore, collezionista di manoscritti e, soprattutto, un convinto sostenitore dell'unità europea. Nato a Vienna da un'aristocratica famiglia ebraica, crebbe in un ambiente privilegiato, prima di conseguire un dottorato in filosofia all'Università di Vienna. Fin da giovane si interessò alla letteratura, in particolare alla poesia e al teatro, e si fece notare a Vienna, città rinomata per l'apprezzamento delle arti, per la sua prima raccolta di poesie, "*Corde d'argento*", pubblicata a soli 19 anni.

Zweig crebbe in circostanze confortevoli, circondato da amici e familiari che lo amavano e lo ammiravano, ma quando era all'università decise che voleva lasciarsi alle spalle questo ambiente familiare e vedere il mondo. Trascorse un periodo a

Parigi, dove la sua cerchia sociale comprendeva molti scrittori bohémien della città, a Berlino, dove si scontrò con persone di ogni classe sociale, e a New York, dove si rese conto che l'America stava per diventare una potenza mondiale. Dopo aver viaggiato molto in Europa, si convinse della necessità di un'identità europea che trascendesse i confini nazionali.

Tornò quindi a Vienna, ma fu presto costretto a spostarsi di nuovo a causa dello scoppio della Prima Guerra Mondiale (1914-1918) e del crollo dell'Impero austro-ungarico. Decise di andare a Zurigo, poiché la Svizzera restò una potenza neutrale, il che significava che era ancora possibile vivere accanto a cittadini di Paesi nemici e scrivere più liberamente contro la guerra. Dopo la fine della guerra, tornò in Austria e si stabilì nella sua casa di campagna a Salisburgo. Qui trascorse il periodo tra il 1924 e il 1933, quando fu al massimo della rilassatezza, della produttività e del successo. Tuttavia, questo periodo di pace fu interrotto dall'ascesa di Adolf Hitler (cancelliere tedesco, 1889-1945), la cui persecuzione degli ebrei costrinse Zweig a lasciare nuovamente il suo paese; questa volta, non sarebbe più tornato. Inizialmente si recò a Londra dopo che la Germania aveva annesso l'Austria e aveva invaso la Polonia, scatenando lo scoppio della Seconda Guerra Mondiale (1939-1945), prima di trasferirsi in Brasile per sfuggire al conflitto che stava travolgendo l'Europa. Lì si suicidò nel 1942, all'età di 60 anni.

 ## LO SAPEVATE?

Zweig fu uno degli scrittori europei più popolari della sua generazione: la sua fama negli anni Venti e Trenta era paragonabile a quella di Sigmund Freud (psicanalista austriaco,

1856-1939), Thomas Mann (scrittore tedesco, 1875-1955), George Bernard Shaw (drammaturgo e critico irlandese, 1856-1950) e Albert Einstein (fisico tedesco-americano, 1879-1955). Tuttavia, poiché era ebreo, il partito nazista, virulentemente antisemita, bruciò e mise al bando i suoi libri e, dopo la sua morte nel 1942, scivolò gradualmente in una relativa oscurità. Oggi è conosciuto soprattutto negli ambienti accademici, ma nonostante la fama di cui godette in vita e la sua enorme importanza storica, la maggior parte del pubblico non conosce il suo lavoro.

IL MONDO DI IERI

LA FINE DI UN'EPOCA IN EUROPA

- **Genere:** autobiografia, racconto storico, *Künstlerroman*

- **Edizione di riferimento:** Zweig, S. (1964) *Il mondo di ieri*. Lincoln, Nebraska: University of Nebraska Press.

- **Prima edizione:** 1942

- **Temi:** passato vs. presente, ragione, fede nel futuro, ebraismo, arte

"Il mondo di ieri" è l'autobiografia di Stefan Zweig, pubblicata poco dopo la sua morte nel 1942. Costituisce un ritratto approfondito dell'Europa tra la fine del XIX e l'inizio del XX secolo, ripercorrendo la felice infanzia e l'adolescenza dell'autore a Vienna, che all'epoca era un vivace centro culturale in cui i giovani avevano assoluta fiducia nel progresso e nell'umanità. Le persone erano più sane, più felici e più creative che mai, il progresso scientifico stava rivoluzionando le loro vite e la comprensione del mondo circostante e l'Europa stava vivendo un periodo di pace senza precedenti. Tuttavia, la guerra si stava profilando all'orizzonte e Zweig era in disparte ad assistere a tutto questo.

"Il mondo di ieri" è il resoconto di un ebreo austriaco dei cambiamenti avvenuti in Europa con le due guerre mondiali. Racconta gli orrori e le violenze che hanno devastato il suo paese natale, passato da un vasto impero a una piccola nazione, la sorpresa e lo sgomento che hanno attraversato il

paese allo scoppio della guerra, ma anche l'entusiasmo crescente della popolazione per il conflitto e la crescita del nazionalismo e dell'odio.

Il romanzo ripercorre la graduale perdita di fede e di speranza dell'Europa ed esplora come la Seconda Guerra Mondiale sia scoppiata in un momento in cui tutti pensavano che il peggio fosse passato, che si potesse andare avanti con le proprie vite e che non ci sarebbe mai stato un altro conflitto così mortale come la Prima Guerra Mondiale. Racconta la storia non solo di un passato più felice, più bello e più ricco di speranza, ma anche di un'utopia che si è trasformata in polvere.

SINTESI

UN'INFANZIA FELICE

Stefan Zweig era un normale ragazzo ebreo austriaco. La società in cui crebbe apprezzava la sicurezza più di ogni altra cosa e credeva che il modo migliore per mantenerla fosse quello di preservare i valori e le tradizioni dell'Impero, che venivano inculcati ai bambini a scuola. Come molti austriaci, e in particolare i viennesi, Zweig crebbe frequentando il teatro, i caffè e la buona cucina:

> *"Buongustai in materia culinaria, molto occupati da un buon vino, da una birra fresca e secca, da dolci e pasticcini sontuosi, in questa città la gente era anche esigente nei confronti di piaceri più sottili. La musica, la danza, il teatro, le conversazioni, il portamento corretto e signorile erano coltivati qui come arti particolari". (p. 14)*

All'inizio del XX secolo, gli stranieri affollavano Vienna, una città cosmopolita considerata la capitale culturale del mondo. Secondo Zweig, i viennesi veneravano l'arte e, quando leggevano il giornale, prestavano poca attenzione alle sezioni di politica o di economia, ma controllavano immediatamente cosa si rappresentasse a teatro quella sera. Per questo motivo, quando Zweig pubblicò la sua prima raccolta di poesie e iniziò a scrivere per la rivista letteraria più esclusiva dell'epoca, grazie all'opportunità offertagli dal suo editore Theodor Herzl (attivista politico e scrittore austro-ungarico, 1860-1904), che credeva nel suo talento, ottenne una certa fama in città. Questo fu motivo di orgoglio non solo per il giovane autore, ma anche per i suoi cari, in particolare per i genitori, che gli diedero il permesso di trasferirsi a Berlino.

Zweig trascorse sei mesi a Berlino, dove comprese la differenza fondamentale tra tedeschi e austriaci (secondo lui, i tedeschi erano parsimoniosi fino all'avarizia e preferivano l'ordine alla libertà o alla giustizia) e incontrò persone di estrazione sociale molto diversa che convivevano in armonia. Si trasferì poi a Parigi, dove adottò uno stile di vita bohémien e divenne amico di Rainer Maria Rilke (poeta austro-tedesco, 1875-1926) e di altri poeti che volevano vivere della loro arte. Nella capitale francese incontrò scrittori famosi, partecipò a incontri letterari e tradusse le opere di grandi autori, nella speranza di imparare abbastanza sulla vita e sulla letteratura per diventare un giorno uno scrittore a tempo pieno.

L'ETÀ ADULTA E LA GUERRA

Nell'estate del 1914, Zweig era in vacanza, avendo deciso di approfittare del bel tempo per trascorrere qualche giorno in Germania, prima di andare a trovare l'amico Emile Verhaeren (poeta belga, 1855-1916) nella sua casa di campagna in Belgio. Tuttavia, un bel giorno di giugno, gli giunse la notizia che l'erede al trono austro-ungarico, l'arciduca Francesco Ferdinando (1863-1914), era stato assassinato a Sarajevo da un giovane nazionalista serbo-bosniaco.

Inizialmente, la maggior parte degli austriaci, compreso Zweig, non attribuì molta importanza alla notizia. Francesco Ferdinando non era particolarmente amato dai sudditi dell'Impero, che lo consideravano generalmente freddo e maleducato. Di conseguenza, lo shock generato dal suo assassinio svanì presto e in breve tempo l'incidente fu dimenticato. Tuttavia, sebbene molti volessero deliberatamente chiudere gli occhi sulle crescenti tensioni in Europa, l'ostilità stava crescendo in tutto il continente e l'assassinio fornì il pretesto perfetto per l'adozione di tattiche più aggressive. La prima settimana dopo l'assassinio fu caratterizzata da una serie di spaventi diplomatici, minacce e battibecchi che si esaurirono rapidamente e quasi tutti credevano che le tensioni si sarebbero risolte. Tuttavia, le cattive notizie si fecero più frequenti e più gravi e paesi come il Belgio iniziarono gradualmente ad ammassare i loro eserciti vicino ai confini, poiché paesi con una maggiore potenza militare a disposizione, come la Germania, iniziavano a sembrare una seria minaccia.

Quando il governo austriaco cedette alle pressioni dei giornali e della comunità internazionale e dichiarò guerra alla Serbia, Zweig decise di tornare nel suo paese natale per vedere cosa stesse succedendo. Rimase sbalordito da ciò che scoprì: la gente era entusiasta, l'atmosfera a Vienna ricordava un grande festival, i giovani correvano ad arruolarsi nell'esercito e poeti e artisti esaltavano la guerra nelle loro opere. A nessuno passava per la testa che la guerra potesse non essere vinta o che il conflitto si sarebbe trascinato a lungo.

Zweig non condivideva l'entusiasmo dei suoi connazionali, che considerava sciocchi e sconsiderati, e passò i primi mesi di guerra a cercare persone che condividessero le sue convinzioni e a servirsi di giornali e riviste per cercare di convincere gli altri di questo modo di pensare. Tuttavia, i suoi sforzi si rivelarono inutili e il conflitto sembrò peggiorare ogni giorno che passava, mettendo fine alle illusioni e all'entusiasmo che la popolazione aveva inizialmente nutrito. Quando vide che non c'era nulla da fare per risolvere la situazione, Zweig decise di trasferirsi a Zurigo, dato che la Svizzera aveva scelto di rimanere neutrale nel conflitto. Trascorse lì alcuni mesi, incontrando persone che la pensavano come lui e scrivendo a favore del pacifismo, una posizione che avrebbe mantenuto per il resto della sua vita.

Quando seppe che l'Austria si era arresa e che la guerra era finalmente finita, Zweig sentì il dovere di tornare nel suo paese sconfitto. Salendo sul treno per Salisburgo, rimase sbalordito dal contrasto tra i vecchi e malandati treni austriaci e quelli svizzeri. I conduttori austriaci, che indicavano alle persone dove sedersi, erano emaciati, sembravano affamati, indossavano vecchie e logore uniformi e praticamente strisciavano davanti ai passeggeri. I treni erano stati privati delle cinghie che servivano ad alzare e abbassare le saracinesche e dei rivestimenti dei sedili, poiché la pelle di cui erano fatti era un materiale molto prezioso durante la guerra. L'aria fredda autunnale entrava nelle carrozze attraverso i finestrini rotti, anche se questo aveva i suoi vantaggi, in quanto il fumo e la fuliggine contribuivano a mascherare la puzza di morte e di malattia che permeava i treni, che erano stati usati per trasportare i feriti durante la guerra. Il carbone era a malapena sufficiente per far funzionare i motori, il che significava che i treni si bloccavano continuamente e non riuscivano nemmeno a salire su piccole colline.

Questo era solo l'inizio: la fine della guerra fu seguita da anni di difficoltà e di povertà assoluta, poiché la neonata repubblica era in bancarotta e l'inflazione raggiunse livelli senza precedenti. I prezzi potevano salire alle stelle nel corso di un solo giorno, il denaro perdeva valore e si sviluppava un fiorente mercato nero.

LA CALMA PRIMA DELLA TEMPESTA

Nonostante la situazione disastrosa in cui si trovava, alla fine l'Austria si riprese, così come il resto dell'Europa. Zweig trascorse gli anni Venti nella sua casa di campagna a Salisburgo, circondato da amici e ammiratori. La città era ormai un importante centro culturale e vi affluivano scrittori, artisti e musicisti. Zweig fu invitato a tenere conferenze e lezioni non solo in Europa occidentale, ma anche negli Stati Uniti, in Russia e in America Latina. I romanzi e le biografie che scrisse in quel periodo vendettero milioni di copie in Germania e furono tradotti in numerose lingue. Scrisse anche un'opera in collaborazione con Richard Strauss (compositore tedesco, 1864-1949), uno dei più famosi compositori dell'epoca e, un tempo, uno dei preferiti dai nazisti.

Tuttavia, nonostante questa calma apparente, Zweig era ben consapevole dell'ascesa di gruppi di giovani ben addestrati e vestiti elegantemente, dotati di armi all'avanguardia, che facevano sentire la loro presenza in diverse città europee reprimendo brutalmente le marce dei lavoratori. Si trattava dei nazionalsocialisti, oggi meglio conosciuti come nazisti.

In un attimo, un veterano della Prima Guerra Mondiale di nome Adolf Hitler salì alla ribalta e attirò una vasta base di sostenitori. Migliaia di tedeschi lo idolatravano e si lasciarono sedurre dalle sue promesse di sistemare l'economia e distruggere il comunismo. Sebbene all'inizio Zweig non prestasse molta attenzione a questo ex soldato e ai suoi discorsi al vetriolo, ben presto si rese conto che alcuni dei suoi amici avevano smesso di frequentarlo e molti di loro non volevano farsi vedere in pubblico con lui.

Un giorno la polizia si presentò a casa di Zweig per effettuare un'ispezione e l'autore, che era cresciuto con la fede nella libertà che aveva caratterizzato il XIX secolo, lo considerò un insulto. In seguito, andò in vacanza in Inghilterra per rilassarsi e allontanarsi dalle crescenti tensioni in Austria. Questo viaggio gli diede anche l'opportunità di riallacciare i rapporti con l'amico Sigmund Freud (psicoanalista austriaco, 1856-1939), che incontrò in numerose occasioni. Tuttavia, la situazione in Austria peggiorò mentre egli si trovava in Inghilterra, poiché il comportamento della Germania stava diventando sempre più aggressivo e il suo vicino sembrava impotente a difendersi.

Di conseguenza, Zweig decise che sarebbe stato più sicuro rimanere a Londra. Mentre si trovava lì, la Gran Bretagna dichiarò guerra alla Germania e Zweig si rese conto che presto sarebbe stato apolide, poiché agli ebrei austriaci veniva tolta la nazionalità. Esausto e disperato, si trasferì con la moglie a New York e poi in Brasile, dove scrisse la sua autobiografia prima di suicidarsi, poiché credeva che Hitler avrebbe vinto la guerra.

 ## LO SAPEVATE?

Anche se all'epoca non lo sapeva, Hitler era uno dei vicini di casa di Zweig nel periodo in cui viveva a Salisburgo. Salisburgo si trova in una valle vicino al confine tra Austria e Germania, mentre il comune di Berchtesgaden – che ospitava la residenza Berghof di Hitler – è incastonato tra le montagne sul lato tedesco del confine. La zona nel suo complesso fu uno dei primi fulcri dell'attività nazista, anche se Zweig inizialmente vi prestò poca attenzione.

STUDIO DEI PERSONAGGI

Dato che il romanzo è un'autobiografia, tutti i personaggi che vi sono rappresentati sono persone reali. Poiché Zweig era un autore famoso, molti dei suoi amici e conoscenti erano anch'essi scrittori famosi o membri dell'élite intellettuale. Ciò significa che nel libro compaiono diversi personaggi famosi del XX secolo.

STEFAN ZWEIG

L'autore e protagonista del romanzo era un ebreo austriaco. La sua natura sensibile e la sua mente curiosa erano evidenti fin dalla giovane età e sviluppò un interesse precoce per la letteratura e per le arti in generale. Nel corso della sua carriera di scrittore, si cimentò in un'ampia gamma di generi, tra cui saggi, poesie, biografie, opere teatrali e romanzi. Non era motivato dal denaro o dalla fama e dedicò anni della sua vita a lavorare per artisti e scrittori che ammirava e a tradurre le loro opere.

Era un uomo semplice, ferocemente riservato, e voleva che la gente si concentrasse sul suo lavoro piuttosto che sulla sua vita personale. Per questo motivo, aveva sentimenti contrastanti nei confronti della fama. Sebbene il suo background familiare e la sua successiva celebrità abbiano fatto sì che vivesse gran parte della sua vita circondato dalla ricchezza e dal lusso, non era estraneo alla povertà e alle difficoltà, in particolare durante le due guerre mondiali. L'esperienza di questi conflitti lo trasformò in un convinto pacifista e credette fermamente nel potenziale di grandezza dell'umanità e nella capacità di superare le divisioni causate dal nazionalismo.

THEODOR HERZL

Herzl era un ebreo di mezza età dal portamento e dall'aspetto nobili. Aveva una fronte alta e larga, lineamenti definiti, una lunga barba nera da prete e occhi azzurri malinconici e intensi. Era anche un uomo dignitoso e cortese che si muoveva con gesti un po' roboanti e teatrali.

Quando Zweig lo conobbe, non era ancora riconosciuto come il fondatore del sionismo, come sarebbe stato negli anni successivi, ma lavorava come redattore della *Neue Freie Presse*, un'autorevole rivista letteraria. Alcuni dei primi testi in prosa di Zweig furono pubblicati su questa rivista e Herzl elogiò pubblicamente il giovane scrittore.

EMILE VERHAEREN

Verhaeren aveva una fronte ampia, capelli ricci color ruggine, un viso segnato dalle intemperie, un mento sporgente e mani delicate, ma forti che contrastavano con le spalle larghe. Aveva occhi chiari e gentili, era aperto, entusiasta e disponibile e aveva una grande voglia di vivere. Era molto sicuro di sé senza essere arrogante, aveva uno spirito ferocemente indipendente e sembrava del tutto immune dalle tentazioni della fama.

Sebbene oggi sia svanito in una relativa oscurità, all'inizio del XX secolo fu un famoso poeta e uno dei fondatori del

Simbolismo. Era anche molto entusiasta della modernità e di tutte le nuove invenzioni che l'accompagnavano. Ciò è evidente nelle sue poesie, che descrivono positivamente gli ultimi progressi dell'umanità e ne tessono le lodi.

SIGMUND FREUD

Freud era uno dei più cari amici di Zweig. Era un bell'uomo, con occhi scuri e un'espressione calma e sincera. Aveva una mentalità aperta e un'intelligenza fervida, il che significava un approccio determinato e meticoloso al suo lavoro. Sebbene fosse un po' riservato, era sempre moralmente retto e soppesava sempre con attenzione le sue affermazioni.

Era appassionato della verità e non si faceva scrupoli a sfidare le convenzioni morali se le riteneva false. Era un uomo modesto, ma intrepido che aveva sempre il coraggio di dire ciò che pensava e possedeva la forza morale di sostenere le proprie convinzioni a qualsiasi costo. Alla luce del suo ruolo pionieristico di padre della psicoanalisi, Zweig lo considerò sempre responsabile di un'autentica rivoluzione spirituale.

RICHARD STRAUSS

Secondo Zweig, Strauss aveva un aspetto rozzo, con guance paffute e infantili e lineamenti insolitamente rotondi. Aveva vivaci occhi azzurri che sembravano esercitare un potere magnetico. Era franco e sicuro di sé e riusciva a rimanere calmo e obiettivo anche quando il suo lavoro veniva criticato. Trovava soddisfazione nel lavoro fine a sé stesso e aveva un approccio al lavoro rigoroso, metodico, inflessibile e privo di emozioni che gli altri trovavano sconcertante.

Zweig lavorò a un'opera con Strauss, che si rifiutò di rimuovere il nome del suo collaboratore dal pezzo nonostante il clima politico sempre più antisemita, il che gli valse il rispetto e l'apprezzamento dello scrittore. Poiché Zweig era ebreo, il partito nazista vietò l'opera all'inizio della sua rappresentazione.

RAINER MARIA RILKE

L'aspetto di Rilke era per lo più irrilevante; le uniche caratteristiche fisiche che lo contraddistinguevano erano i suoi straordinari occhi azzurri. Secondo Zweig, era eccezionalmente sensibile, il che significa che aveva un gusto impeccabile, una spiccata sensibilità estetica e un apprezzamento per l'ordine. Anzi, considerava l'ordine e la pulizia come necessità assolute. Era silenzioso e misterioso, tendeva a non farsi notare e a rifuggire la fama e l'attenzione. Era difficile conoscerlo e sembrava avere qualcosa di transitorio: oltre a essere estremamente riservato, non aveva mai un indirizzo o un lavoro fisso, il che significava che gli altri potevano incontrarlo solo per caso.

ANALISI

FORMA

Genere

Il sottotitolo originale del romanzo, "*Memorie di un europeo*", chiarisce che si tratta di un'opera autobiografica ma, come vedremo in questa sezione, questa classificazione non è così semplice come potrebbe sembrare.

Autobiografia o memorie?

Sebbene questi due termini siano spesso usati in modo inter-cambiabile, poiché entrambi si riferiscono a narrazioni in prima persona in cui l'autore racconta le proprie esperienze e permette al lettore di farsi un'idea della sua personalità, si differenziano per il periodo di tempo che coprono. Un'autobiografia fornisce un resoconto più completo dell'intera vita dell'autore, mentre le memorie si concentrano maggiormente su un particolare evento o periodo di tempo. "*Il mondo di ieri*" può essere classificato come un'autobiografia perché Zweig scrive della sua intera vita. Tuttavia, il sottotitolo del romanzo e l'obiettivo del testo, ossia il modo in cui l'Europa è cambiata in seguito alle due guerre mondiali, fanno sì che possa essere descritto anche come un libro di memorie: l'obiettivo principale dell'autore è discutere il periodo di transizione storica di cui è stato testimone.

Anche le autobiografie presentano tipicamente eventi della vita privata dell'autore, i suoi sentimenti ed emozioni, le sue relazioni più strette e i suoi segreti personali. Tuttavia, questo non è il caso del romanzo di Zweig. Ciò non è dovuto solo all'epoca di cui scriveva e allo stretto legame tra la sua vita personale e l'ampio arco della storia europea, ma anche al suo stile di scrittura. Il testo di Zweig non ha un tono intimo o confessionale, anche quando scrive di episodi della sua vita privata; è piuttosto descrittivo. Il suo obiettivo è quello di descrivere il più fedelmente possibile la vita morale e culturale in Austria (e in Europa nel suo complesso) prima, durante e dopo la guerra, di descrivere gli eminenti intellettuali dell'epoca e la loro influenza su di lui, di discutere la politica e i cambiamenti sociali ed economici in atto in quel periodo.

Le descrizioni della sua infanzia, della sua giovinezza, della sua casa e dei suoi genitori sono scritte non tanto con l'obiettivo di dirci chi era, quanto piuttosto di ritrarre un'epoca particolare e di raccontare la Vienna dell'anteguerra, una città fiorente, ricca di teatri, librerie, artisti e caffè, i cui abitanti apprezzavano la cultura sopra ogni altra cosa. Tuttavia, era anche la patria di un'aristocrazia ricca e ipocrita che fingeva di disprezzare il sesso, ma perseguiva relazioni sessuali illecite in segreto, considerava le donne inferiori e faceva rispettare rigorosamente i confini di classe. Allo stesso modo, i suoi resoconti della vita adulta non si limitano a parlare della sua vita personale, delle sue amicizie strette con famosi intellettuali, della sua paura per l'imminente guerra e delle lotte affrontate in esilio, ma cercano anche di descrivere quanto la guerra sia stata uno shock per tutti, i cambiamenti improvvisi che ha provocato e il modo in cui ha lasciato un'intera generazione completamente disillusa.

Un resoconto storico?

Nella prefazione al suo romanzo, Zweig scrive:

> *"Io stesso sono stato contemporaneo delle due più grandi guerre dell'umanità, e sono persino passato attraverso ognuna di esse su un fronte diverso, l'una tedesca, l'altra antitedesca. Prima della guerra ho conosciuto il più alto grado e la più alta forma di libertà individuale, e poi il suo livello più basso in centinaia di anni; sono stato celebrato e disprezzato, libero e non libero, ricco e povero."*

In quanto ebreo viennese, Zweig fu toccato più direttamente dai momenti più difficili del XX secolo rispetto alla maggior parte dei suoi contemporanei e si trovò, per un motivo o per l'altro, nell'occhio del ciclone durante entrambe le guerre mondiali. Lo scoppio della Prima Guerra Mondiale fu innescato dalle tensioni tra l'Impero austro-ungarico, governato dagli Asburgo da 800 anni e le sue province separatiste, dove vivevano cechi, serbi e rumeni. Il conflitto si concluse con la dissoluzione dell'Impero, l'esilio dell'imperatore e la creazione della Prima Repubblica austriaca. Questa nuova nazione era stata impoverita dalla guerra e la sua capitale non era più il centro culturale che Zweig aveva conosciuto da giovane. Durante la Seconda Guerra Mondiale, le mire espansionistiche di Hitler (in particolare, voleva annettere l'Austria e incorporarla nel Grande Reich tedesco) e il fatto che Zweig fosse ebreo lo resero bersaglio di persecuzioni e attacchi che lo costrinsero ad andare in esilio in Inghilterra. Tuttavia, la pace che trovò lì fu di breve durata, poiché dopo la dichiarazione di guerra della Gran Bretagna alla Germania, Zweig fu visto come un nemico nel suo nuovo paese.

Le autobiografie tendono naturalmente ad avere una componente storica significativa, poiché i loro personaggi vivono inevitabilmente in un contesto particolare. Tuttavia, non è per questo che il romanzo di Zweig può essere descritto come un resoconto storico; lo è perché il testo è incentrato sulla storia. L'autore era consapevole che la sua situazione fosse fuori dal comune e, quindi, scelse di non concentrarsi sulla sua vita personale, ma sui momenti in cui sapeva di essere parte della storia. Lo scopo del suo libro sembra essere non solo quello di fornire un resoconto della sua vita, ma anche di lasciare una traccia dello spirito di un'epoca per le generazioni future.

Un esempio particolarmente significativo è l'episodio della stazione ferroviaria. Dopo la fine della Prima Guerra Mondiale, Zweig decise di prendere un treno per tornare in Austria, pur sapendo che il paese fosse in difficoltà, perché riteneva di avere un dovere di lealtà verso la propria nazione e di dover lavorare per contribuire alla sua ricostruzione. Quando arrivò al confine tra i due paesi, dovette cambiare treno e ciò che vide alla stazione lo sconvolse profondamente e lo accompagnò per il resto della sua vita. Tutte le guardie della stazione erano solennemente in piedi sulla banchina e centinaia di persone vestite di nero erano in attesa. Alla stazione si fermò un vecchio treno che trasportava l'ultimo imperatore asburgico e sua moglie, costretti a lasciare l'Austria per sempre. Le persone vestite di nero erano venute a dare l'addio al loro imperatore e, in un certo senso, alla loro vita passata.

 ## LA VERIDICITÀ DEL RACCONTO DI ZWEIG

Molti critici hanno commentato che, sebbene Zweig volesse fornire un resoconto fedele alla realtà, la sua autobiografia è più che altro una revisione nostalgica del passato. La versione di Zweig dell'Austria non dà al lettore l'idea delle differenze inconciliabili tra le diverse nazioni che componevano l'Impero, dell'incompetenza del suo anziano e stanco imperatore o del suo parlamento altamente disfunzionale, che veniva ampiamente incolpato dei conflitti etnici e di classe.

Künstlerroman?

Il genere del *Bildungsroman*, noto anche come romanzo di formazione, si basa sull'educazione e lo sviluppo fisico, morale e psicologico del protagonista dall'infanzia all'età adulta. Il *Künstlerroman* è un sottogenere del *Bildungsroman* e si concentra su un personaggio principale che scopre una vocazione artistica nel corso della narrazione. Questo tipo di romanzo racconta generalmente l'infanzia del personaggio, un periodo di esplorazione durante il quale riconosce la sua sensibilità e le sue inclinazioni artistiche (nel caso de "*Il mondo di ieri*", Zweig scopre il suo amore per la letteratura), un periodo durante il quale scopre il suo talento, intraprende la sua carriera artistica e gode del suo primo successo e, infine, un momento di culmine, in cui l'artista ottiene fama e riconoscimento, ma soprattutto raggiunge l'agognato apice della perfezione artistica.

Dato che il romanzo racconta lo sviluppo creativo di Zweig e il suo percorso per diventare uno scrittore famoso, può essere descritto come un *Künstlerroman*.

Struttura

Il romanzo è suddiviso in 16 capitoli (preceduti da una prefazione dell'autore) i cui titoli, oltre a fornire indicazioni sul contenuto, richiamano la cultura umanistica scomparsa dopo la Prima Guerra Mondiale. Ad esempio, ci sono capitoli intitolati "*Eros Matutinus*" ("Amore mattutino"), "*Universitas Vitae*" ("Università della vita") e "L'agonia della pace", che riflettono alcuni temi popolari tra gli umanisti. In generale, i titoli dei capitoli evocano una versione idealizzata del passato prebellico, in cui la felicità era diffusa e il futuro sembrava luminoso.

Sebbene gli eventi della narrazione siano generalmente raccontati in ordine cronologico, a partire dall'ambiente in cui Zweig nacque e crebbe fino all'avvento della Seconda Guerra Mondiale e alla conseguente perdita di ogni speranza di pace e fuga in America Latina, il testo a volte salta indietro o in avanti nel tempo. Zweig scrisse il romanzo poco prima di suicidarsi in Brasile e a volte passa dai suoi ricordi alla situazione attuale o intervalla impressioni del passato con i pensieri del presente. Ciò significa che i suoi ricordi si tingono di emozioni cupe e pessimistiche del periodo in cui scriveva e sono caratterizzati da un'assoluta certezza di ciò che è accaduto. Ciò significa che il testo è un resoconto della trasformazione spirituale dell'Europa, che l'autore può vedere grazie al senno di poi.

Lingua

Il tono dell'autobiografia è generalmente diretto e per lo più privo di emozioni. Il linguaggio di Zweig tende a essere descrittivo e, sebbene il romanzo racconti episodi molto difficili della sua vita che devono aver scatenato forti emozioni, il suo obiettivo sembra essere quello di spiegare piuttosto che di commuovere il lettore.

Il testo sembra essere più documentario e storico che confessionale e intimo, poiché Zweig sembra meno interessato ad analizzare la propria vita e il proprio destino che a rappresentare fedelmente il suo tempo e la sua generazione. La generazione che descrive aveva una fede incrollabile nella ragione, rifuggiva dalla violenza e dal radicalismo, credeva fermamente nel progresso e nell'umanità e non riuscì mai a fare i conti con gli orrori che i suoi simili furono in grado di infliggere in nome di un'ideologia. Questo significa che gli eventi della storia li colpirono probabilmente più duramente di qualsiasi altra generazione prima o dopo.

Per questo motivo, l'autobiografia di Zweig è ricca di lunghe descrizioni di luoghi, tradizioni e dei principali personaggi storici che egli annoverava tra i suoi amici. Il romanzo presenta una moltitudine di poeti, musicisti e artisti, che danno al lettore un'idea della quantità di menti brillanti presenti in Europa in quel periodo e della fiorente scena culturale del continente, oltre a vari politici, filosofi e leader, che servono a illustrare le diverse idee che stavano plasmando la vita in Europa.

TEMI

Passato e presente

Uno dei temi principali dell'autobiografia di Zweig e una delle sue principali motivazioni per la stesura del libro, sono i cambiamenti che hanno attraversato l'Europa nell'arco di meno di 50 anni. Questi mutamenti sociali e culturali divennero estremamente evidenti tra la generazione di Zweig e quella successiva, che si trovò a vivere in un mondo di paradossi senza precedenti. Come scrisse Zweig, l'Europa non era mai stata più bella, più prospera e più ottimista nei confronti del futuro come negli anni precedenti la Prima Guerra Mondiale.

Oltre a essere molto idealista, la generazione prebellica apprezzava la sicurezza e la stabilità sopra ogni altra cosa, il che significava che si aggrappava alle tradizioni. Era conservatrice e talvolta ipocrita in materia di sessualità, considerata un tabù per il suo potenziale di disordine; tuttavia, godeva di una maggiore libertà individuale rispetto alla generazione del dopoguerra. Il servizio militare e la partecipazione ai programmi sociali non erano obbligatori per la generazione di Zweig, come lo erano per quella successiva ed egli sosteneva che le ideologie populiste ottennero meno consensi rispetto al dopoguerra. Le persone erano libere di seguire le proprie inclinazioni intellettuali e di condurre la propria vita privata come meglio credevano. Inoltre, la diffusa fiducia nell'umanità rendeva il mondo senza passaporti, più cosmopolita e aperto a tutti.

Al contrario, i giovani della generazione del dopoguerra erano meno fiduciosi e non avevano nulla in cui credere. Il conflitto prolungato li aveva lasciati disillusi, scoraggiati ed esausti. Avevano meno libertà personali, a cui Zweig aveva sempre tenuto, e non condividevano la fede nella guerra della generazione precedente, il che significa che la Seconda Guerra Mondiale non fu accolta con l'entusiasmo e l'ottimismo che avevano caratterizzato la risposta popolare al conflitto precedente. Tuttavia, questa disillusione ebbe anche un lato positivo:

> *"Non era forse comprensibile che la nuova generazione avesse perso ogni traccia di rispetto? Dubitava dei genitori, dei politici, degli insegnanti; ogni decreto, ogni proclama veniva letto con occhio dubbioso.*

La generazione del dopoguerra si emancipò con un violento strappo dall'ordine costituito e si ribellò a ogni tradizione, decisa a plasmare il proprio destino, ad abbandonare il passato e a lanciarsi nel futuro." (p. 303)

Questa nuova generazione disillusa fu costretta a ricostruire il mondo da zero. Di conseguenza, gli anni tra le due guerre furono un periodo di liberazione sessuale, perché tutti volevano solo godersi la vita. Questo senso di liberazione era particolarmente pronunciato nelle avanguardie artistiche, che volevano distruggere tutto ciò che le aveva precedute. I poeti si allontanarono dal metro, i musicisti abbandonarono il ritmo e gli artisti si sottrassero alla rappresentazione letterale in uno spostamento verso una libertà senza precedenti. Sebbene Zweig, come molti membri della sua generazione, fosse scandalizzato da alcuni di questi cambiamenti, dovette tuttavia riconoscere che molti di essi non solo avevano un valore estetico, ma svolgevano anche un ruolo vitale nel rinfrescare lo stagnante ambiente culturale e potevano aprire la strada a un necessario rinnovamento spirituale.

Fede nella ragione e nel futuro

Un altro dei grandi paradossi dell'epoca di Zweig era quello che egli vedeva come un costante progresso tecnico e il contemporaneo declino dell'umanità. La sua generazione riponeva una fede cieca nella ragione e pensava che i progressi tecnici divini e le vette intellettuali raggiunte fossero una prova inconfutabile della superiorità della razza umana.

Questa generazione di idealisti credeva di marciare verso il migliore dei mondi possibili e che il progresso tecnico sarebbe stato necessariamente seguito dal progresso morale.

Tuttavia, la guerra, che all'inizio avevano accolto con entusiasmo, dimostrò ben presto quanto si sbagliassero: i soldati si accamparono in trincee che sembravano simboleggiare un ritorno alle caverne della preistoria.

L'incrollabile fede nella ragione di questa generazione rese ciechi i suoi membri di fronte ai grandi pericoli e alle minacce che si trovavano ad affrontare e spianò la strada alla distruzione umana su una scala senza precedenti. Divenne chiaro che la ragione non portava necessariamente al progresso morale e che, peggio ancora, poteva avere l'effetto esattamente opposto: la crescente intelligenza e le capacità dell'umanità permettevano semplicemente ai campi nemici di distruggersi l'un l'altro più facilmente.

Ebraismo

Sebbene Zweig si considerasse un cittadino del mondo e rifiutasse fermamente il nazionalismo in tutte le sue forme, studiò il contributo degli ebrei alla società austriaca e, date le circostanze in cui visse, provò sempre un senso persistente di qualcosa di simile al patriottismo, che lo unì al resto degli ebrei del mondo nei loro giorni più bui. Tuttavia, pensava anche che la diaspora ebraica, composta da persone che non avevano una propria patria, ma che tuttavia condividevano forti legami, fosse la prova che si poteva raggiungere una libertà sovranazionale.

Nell'autobiografia Zweig riconosce e loda il ruolo che gli ebrei hanno avuto nel creare la Vienna della sua giovinezza. Accademici, pittori, direttori di teatro, architetti, giornalisti, scrittori e musicisti ebrei diedero un contributo incalcolabile alla vita culturale della città, che ricevette anche un notevole sostegno dalla sua consistente classe media ebraica. Questo gruppo trasformò l'Austria in un importante centro artistico e culturale e in una città liberale, tollerante e cosmopolita.

Come alcuni critici hanno sottolineato, l'obiettivo di Zweig riguardo agli ebrei nel suo romanzo sembra essere duplice: in primo luogo, mira a sottolineare il loro ruolo nella società austriaca e nello sviluppo della cultura austriaca moderna e cerca anche di confutare i pregiudizi secolari nei loro confronti. Come spiega lui stesso:

> "È opinione comune che arricchirsi sia l'unico e tipico obiettivo dell'ebreo. Niente di più sbagliato. Le ricchezze sono per lui solo un trampolino di lancio, un mezzo per raggiungere il vero fine, e in nessun senso il vero obiettivo. La vera determinazione dell'ebreo è quella di salire a un livello culturale superiore nel mondo intellettuale". (p. 11)

Zweig tentò di confutare il pregiudizio comune che gli ebrei volessero semplicemente fare più soldi possibile ad ogni costo, spiegando che il denaro fosse semplicemente un mezzo per raggiungere un fine, in quanto avrebbe permesso loro di raggiungere la superiorità spirituale che solo le arti potevano fornire.

L'importanza dell'arte

Il tema dell'arte è onnipresente nell'autobiografia di Zweig. Oltre a essere un interesse centrale dell'autore e, più in generale, dei viennesi, le arti come la poesia servivano a distrarre i membri della sua generazione dalla politica. Lui e i suoi contemporanei erano talmente presi dalle arti da non accorgersi di ciò che accadeva nel mondo circostante, per cui lo scoppio della guerra li colse completamente di sorpresa.

Tuttavia, l'arte fu anche l'unica fonte di salvezza dell'Austria dopo la guerra e l'unica cosa che fece andare avanti i suoi cittadini nei giorni più bui: "In nessun momento l'Austria si era così dedicata all'arte come in quegli anni di caos, perché il crollo del denaro ci faceva sentire che nulla era duraturo se non l'eterno dentro di noi" (p. 299). Quando il loro paese era impantanato nell'inflazione e nella povertà, gli austriaci continuavano a trovare il modo di andare a teatro o all'opera, perché sapevano che in quel periodo di distruzione fisica e mentale era l'unico modo per nutrire il loro spirito e aggrapparsi a una parvenza di speranza.

La scrittura ebbe un duplice ruolo nella vita di Zweig: oltre a essere il suo unico rifugio e il modo per mantenere la sua libertà individuale quando quasi tutti intorno a lui erano travolti dall'entusiasmo per la guerra e dal crescente nazionalismo, divenne anche una sorta di responsabilità etica per lui. Non smise mai di scrivere durante le due guerre mondiali e continuò a sostenere il pacifismo e l'Europa unita, nella convinzione che fosse fondamentale prendere un impegno intellettuale e mantenerlo a prescindere da tutto.

ULTERIORI RIFLESSIONI

ALCUNE DOMANDE SU CUI RIFLETTERE...

- Ritenete che Zweig sia un narratore affidabile?

- In che modo e in che misura si può dire che *"Il mondo di ieri"* è una rappresentazione fedele dell'Europa all'inizio del XX secolo?

- Pensate a ciò che sapete sulle due guerre mondiali. In che modo è simile e diverso dalle descrizioni di Zweig di questi conflitti?

- Come descrive Zweig i tedeschi? Siete d'accordo con le sue descrizioni?

- Vi sentite in empatia con Zweig?

- Cosa pensate che farebbe Zweig del mondo di oggi? Pensate che ci troverebbe ingenui come i membri della sua generazione?

- Qual è il ruolo delle arti nei periodi più bui della storia? Utilizzate le idee di Zweig per giustificare la vostra risposta.

- Perché, secondo voi, Zweig si concentra sulla sua vita pubblica piuttosto che su quella privata nel romanzo?

ULTERIORI LETTURE

EDIZIONE DI RIFERIMENTO

Zweig, S. (1964) *Il mondo di ieri*. Lincoln, Nebraska: University of Nebraska Press.

STUDI DI RIFERIMENTO

Gelber, M.H. (2007) Stefan Zweig come elogiatore (austriaco). In: M.H. Gelber, ed. *Stefan Zweig riconsiderato: New Perspectives on His Literary and Biographical Writings*. Tübingen: De Gruyter.

Wistrich, R. (2007) Stefan Zweig e "Il mondo di ieri". In: M.H. Gelber, ed. *Stefan Zweig riconsiderato: New Perspectives on His Literary and Biographical Writings*. Tübingen: De Gruyter.

LETTURA CONSIGLIATA

Prater, D. (2003) L'*europeo di ieri: A Biography of Stefan Zweig*. New York: Holmes & Meier.

Stanislawski, M. (2004) *Ebrei autobiografici: Essays in Jewish Self-Fashioning*. Seattle: University of Washington Press.

Vogliamo sapere da voi!
Lasciate un commento sulla vostra biblioteca online
e condividete i vostri libri preferiti sui social media!

www.50minutes.com

Master ISBN: 9782808690676
ISBN cartaceo: 9782808612074
Deposito legale: D/2023/12603/1487

Copertura: © Primento

Concezione digitale a cura di Primento, il partner digitale degli editori.